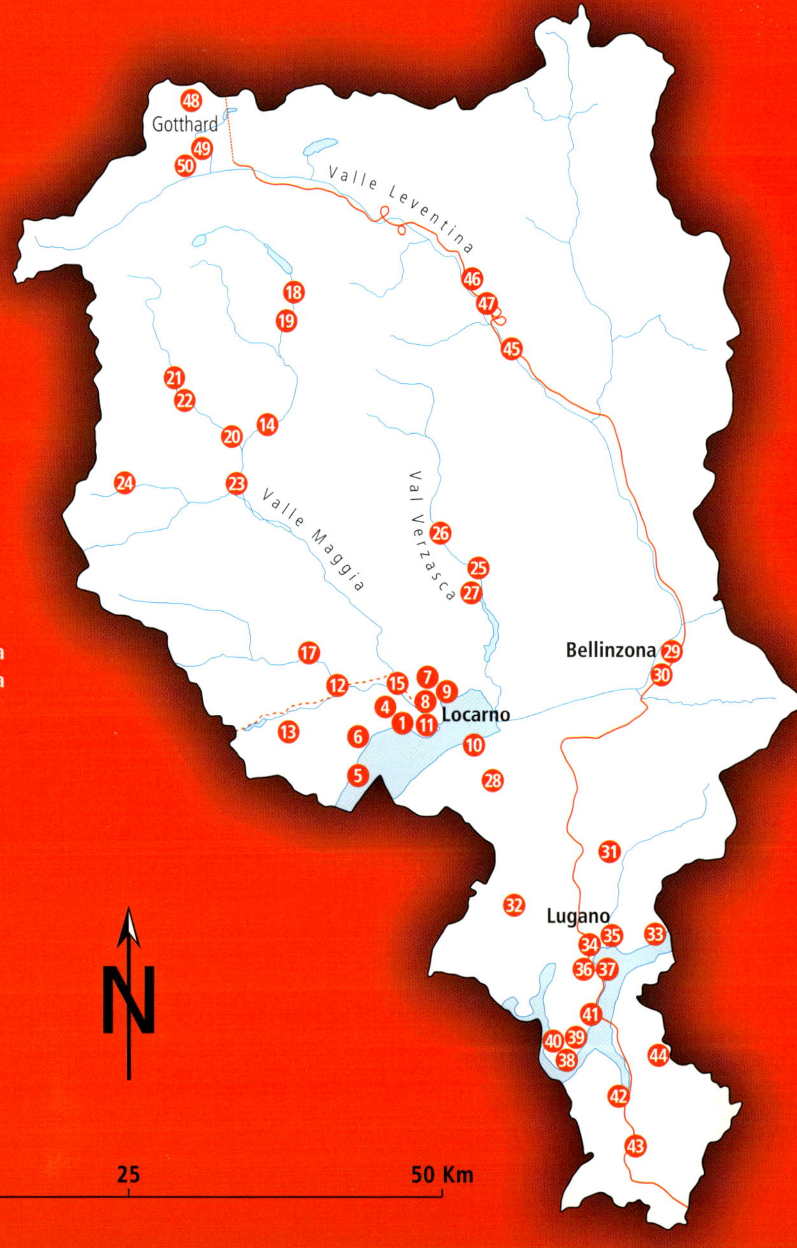

1 Ascona
2 Kastanie
3 Merlot-Traube
4 Risottata di Carnevale
5 Brissago-Inseln
6 Ronco
7 Cadarda-Seilbahn
8 Madonna del Sasso, Locarno
9 Filmfestspiele, Locarno
10 Vira
11 Maggiadelta
12 Intragna
13 Rasa
14 Canyoning, Brontallo
15 Ponte Brolla
16 Grotto
17 Loco
18 Fusio
19 Mogno
20 Gannariente
21 Wasserfall, Foroglio
22 Foroglio
23 Cevio
24 Bosco/Gurin
25 Lavertezzo
26 Verzascatal
27 Corippo
28 Monte Tamaro
29 Bellinzona
30 Castel Grande, Bellinzona
31 Tesserete
32 Breno
33 Gandria
34 Bucht von Lugano
35 Lugano
36 Museo Hermann Hesse, Montagnola
37 Museo Hermann Hesse, Montagnola
38 Morcote
39 Vico Morcote
40 Parco Scherrer, Morcote
41 Swissminiatur, Melide
42 Santa Croce, Riva San Vitale
43 Mendrisio
44 Monte Generoso
45 Giornico
46 Calonico
47 Ticino, Valle Leventina
48 Gotthardhospiz
49 Gotthardpost
50 Fontana

Gotthardbahn

Centovalli-Bahn

Willkommen im Tessin

Das Tessin ist ein Schweizer Kanton mit ganz eigenem Charakter, denn er ist der einzige, der sich vollständig auf der Südseite der Alpen befindet und Italienisch als Amtssprache aufweist. Der Gast, der das Tessin von Norden her erreicht, wird von einer anderen, südlichen Atmosphäre empfangen. Der Kontrast der Lichter und Schatten ist kräftiger, das Himmelsblau intensiver: Im Tessin scheint die Sonne an fast 2300 Stunden im Jahr!

Kunst und Geschichte sind in der Tessiner Landschaft allgegenwärtig; besonders in den nördlichen Tälern kann der Besucher Bauernhäuser, Rustici, Trockenmauern und Steinplattendächer entdecken, aber auch romanische Kirchen, die den Wallfahrern auf ihrem Pilgerweg nach Rom und in das Heilige Land jahrhundertelang als Etappenorte dienten. Die Burgen von Bellinzona, seit November 2000 Teil des Unesco-Weltkulturgutes, das Schloss von Locarno und die überall gut erhaltenen Funde belegen die strategische Bedeutung des Gotthardpasses und unterstreichen zugleich die Rolle dieser so genannten «Via delle Genti» als kulturelle Drehscheibe.

Das Tessin wartet mit einer aussergewöhnlich vielfältigen Natur auf. Entlang der hundert Kilometer, die Airolo von Chiasso trennen, kann man die gesamte Palette europäischer Landschaften bewundern und sich bezaubern lassen von funkelnden Gletschern, wilden Gebirgstälern, grünen Hügeln mit ihren Reben und Olivenbäumen sowie von der üppigen subtropischen Pflanzenwelt an den Seeufern und in den botanischen Gärten.

Das Tessin erfüllt die Erwartungen selbst des anspruchsvollsten Gastes: von der absoluten Ruhe bis zu den Extremsportarten, von der Kultur bis zum Gesellschaftsleben, von der Weingastronomie bis zum Kongresstourismus. Die Auswahl ist so reichhaltig wie unerschöpflich. Überzeugen Sie sich selbst!

Giuseppe Stinca
Direktor Ticino Turismo

TICINO

Zwischen Gletschern und Palmen
Dai ghiacciai alle palme
Entre glaciers et palmiers
Between glaciers and palm trees
氷河とヤシの木の間

Photos: Christof Sonderegger

Benvenuti nel Ticino

Il Ticino è un cantone svizzero dalle caratteristiche singolari: infatti, è il solo a trovarsi interamente a sud delle Alpi e ad avere come lingua ufficiale l'italiano.

Il visitatore che arriva in Ticino da nord viene subito accolto da un'atmosfera diversa: il contrasto tra luci e ombre è più forte e il blu del cielo più intenso: il Ticino vanta infatti quasi 2300 ore di sole all'anno!

Il paesaggio ticinese è caratterizzato da numerose testimonianze storiche e artistiche e soprattutto nelle valli superiori il visitatore può scoprire costruzioni contadine, rustici, muri a secco, tetti in piode e chiese romaniche che per secoli sono state le tappe dei pellegrini sulla via verso la Roma dei Giubilei o la Terrasanta.

I castelli di Bellinzona, entrati a far parte del patrimonio dell'umanità Unesco nel novembre 2000, e quello di Locarno, così come le vestigia ovunque ben conservate testimoniano l'importanza strategica, ma sottolineano anche la funzione di scambio culturale del Passo del San Gottardo, la cosiddetta «Via delle Genti».

Il Ticino presenta degli straordinari contrasti naturali. Lungo i 100 km che separano Airolo da Chiasso si può ammirare l'intera tavolozza dei paesaggi europei, lasciandosi incantare dai ghiacciai scintillanti, dalle selvagge vallate alpine, dalle verdi colline dove crescono l'ulivo e la vite, dalla ricca vegetazione subtropicale lungo le rive dei laghi e nei parchi botanici.

Il Ticino offre tutto quanto anche l'ospite più esigente si aspetta di trovare: dalla tranquillità più assoluta agli sport estremi, dalla cultura alla vita di relazione, dall'enogastronomia al turismo congressuale. La scelta è tanto ricca quanto inesauribile. Bisogna solo provare per credere!

Giuseppe Stinca
Direttore Ticino Turismo

Soyez les bienvenus au Tessin

Le Tessin est un canton suisse à caractère très particulier, car il est le seul entièrement situé sur le côté sud des Alpes et l'unique dont l'italien est la langue officielle. Une ambiance particulière, méridionale, y accueille le visiteur venu du nord. Le constraste entre ombres et lumière y est plus vif, le bleu du ciel plus intense. Dans le canton du Tessin, on jouit d'environ 2300 heures d'ensoleillement par an.

L'art et l'histoire sont omniprésents dans les paysages tessinois. Dans les vallées septentrionales surtout, le visiteur découvrira des maisons paysannes typiques, des rustici, des murs de pierres sèches, des toits en dalles de granit, mais aussi des églises romanes qui tinrent lieu d'étapes durant des siècles aux pèlerins sur leur route à destination de Rome ou de Terre Sainte. Les châteaux forts de Bellinzone, qui font partie du patrimoine culturel mondial de l'Unesco depuis novembre 2000, le château de Locarno et les biens trouvés dans les fouilles, bien conservés partout, attestent l'importance stratégique du col du Saint-Gothard et soulignent le rôle de plaque tournante culturelle qu'a joué cette «Via delle Genti».

La nature du Tessin surprend par son extraordinaire diversité. Tout au long des cent kilomètres qui séparent Airolo de Chiasso, on admirera la palette entière des paysages européens avec l'enchantement de glaciers scintillants, de vallées sauvages, de collines verdoyantes avec leurs vignes et leurs oliviers, sans oublier la luxuriante végétation subtropicale sur les rives des lacs et dans les jardins botaniques.

Le Tessin répond à l'attente de l'hôte le plus exigeant qui y trouvera ce qu'il désire: de la tranquillité presque absolue aux sports extrêmes, des jouissances culturelles aux plaisirs mondains, de la gastronomie viticole au tourisme généré par les congrès. Le choix est aussi vaste qu'inépuisable. Venez vous en assurer vous-même!

Giuseppe Stinca
Directeur de Ticino Turismo

Welcome to Ticino

Ticino is a Swiss canton with a character all its own; it is the only one lying entirely on the southern slope of the Alps and with Italian as its official language. The guest arriving in Ticino from the north is welcomed by another atmosphere, typical of the south. The contrast between sunlight and shadow is stronger, the sky is more intensely blue. In Ticino the sun shines for a total of almost 2,300 hours a year!

Art and history are everywhere present in the Ticino landscape. Especially in its northern valleys the visitor can discover «rustici», the stone farmhouses, dry walls and stone plate roofs, as well as Romanesque churches which for centuries served as waystations for pilgrims on their way to Rome and the Holy Land. The castles of Bellinzona, since November 2000 a Unesco World Heritage Site, the castle of Locarno and many objects that are everywhere well preserved all testify to the strategic importance of the Gotthard pass and at the same time underline the role of the «Via delle Genti» as a cultural hub.

Ticino awaits the visitor with an exceptional variety of Nature's attractions. Along the hundred kilometres separating Airolo from Chiasso the entire palette of European landscapes can be admired, with enchanting views of glittering glaciers, green hillsides covered with vineyards and olive trees as well as the luxuriant subtropical flora along the lake shores and in botanical gardens.

Ticino will fulfill the expectations of even the most demanding guest, from absolute peace and quiet to extreme sports, from culture to social events, from wine gastronomy to congress tourism. The choice is as rich as it is inexhaustible. Come and see for yourself!

Giuseppe Stinca
Director, Ticino Tourism

ティチーノへようこそ

ティチーノは、きわめて固有な特色をもつスイスの州です。と言いますのは、ティチーノが、完全にアルプスの南側に位置し、公用語としてイタリア語を用いている唯一の州だからです。北からティチーノ州にお越しのお客さまは 北部と異なる南国の雰囲気に迎えられます。光と影のコントラストはより強く、青空はより鮮明です。ティチーノ州では、日照時間が年間おおよそ2300時間もあります！
ティチーノ地方には、常にいたるところに芸術と歴史が存在しています。なかでも北部の谷間を訪れる人々は、農家、ルスティカ様式の家、石を積み上げた壁、スレート葺きの屋根を見い出すことができるでしょう。さらに、ローマへそして神聖な地へむかう巡礼中の巡礼者に、何世紀にもわたって宿場として貢献してきたロマネスク様式の教会もまた見い出せるでしょう。2000年11月以降ユネスコ世界文化遺産に登録されたベリンゾーナの城、ロカルノ城、そして至る所でよく保存された発掘品の数々は、ゴッタルド峠の戦略的重要性を裏付けています。そして同時にそれらは、文化的なターンテーブルとして、いわゆる「人々の街道」としての役割を強調させるものです。
ティチーノ州はきわめて多彩な自然を提供いたします。キアッソとアイローロは100キロへだてていますが、その100キロに沿って、ヨーロッパの風景の多様性全てを賛美することができます。そして、きらきら輝く氷河、荒々しい峡谷、ぶどうやオリーブの木々がはえた緑の丘陵地によって、同様に、湖畔や植物園にはえる豊かな亜熱帯植物によって、魅了されることでしょう。
ティチーノ州は要求の高いお客さまの期待さえもかなえます。例えば、純粋な休養から過激なスポーツまで、文化から社交、ワインガストロノミーから会議旅行などです。選択は無限とも言えるぐらい内容豊富です。ご自身の目でお確かめ下さい。

ジュゼッペ・スティンカ
ティチーノ州観光局長

1

Ascona, einstiges Fischerdorf am Lago Maggiore mit südländischem Charme und bedeutendem historischen Erbe

Ascona, antico villaggio di pescatori dal fascino mediterraneo e dalla ricca eredità storica affacciato sul Lago Maggiore

Ascona, ancien village de pêcheurs au bord du Lac Majeur, empreint de charme méridional, est riche d'une tradition séculaire

Ascona, once a fishing village, on the Lago Maggiore, with southern charm and an important historical heritage

マジョーレ湖畔のかつての漁村で、南国の魅力があり重要な歴史的遺産である、アスコーナ

2

Einst wichtiges Grund-
nahrungsmittel: die
Kastanie

La castagna, alimento
essenziale in tempi
passati

Jadis important ali-
ment de base: le mar-
ron ou châtaigne

Chestnuts were at one
time a major source
of nourishment

かつての重要な基本
食料：栗

3

Zu den Tessiner Spezia-
litäten gehört auch
der Rotwein aus der
Merlot-Traube

Tra le specialità ticinesi
figura anche il vino
rosso prodotto da
vitigni Merlot

Parmi les spécialités
tessinoises, on compte
aussi le merlot, vin
rouge du cru

One of Ticino's specia-
lities is its red wine
from the Merlot grape

メルロ種ブドウから
作られた赤ワインもま
たティチーノ地方の
特産品である

TICINELLA
NOSTRANELLA
EXTRA

4

Risottata di Carnevale, das öffentliche Risotto-Essen zur Fasnacht

La risottata di carnevale, una mangiata in comune per l'occasione

Risottata di Carnevale: le public est convive

Risottata di Carnevale, the popular risotto dish at carnival time

カーニバルの公開リゾット食事会、カーニバルのリゾッタータ

ALBERGO ELVEZIA RISTORANTE

5

Botanischer Garten auf den Brissago-Inseln

Giardino botanico delle Isole di Brissago

Dans le jardin botanique sur l'une des îles de Brissago

Botanical gardens on the Brissago Islands

ブリサーゴ島の植物園

6

Der «Balkon der Schweiz»: Ronco über dem Lago Maggiore

Il «Balcone della Svizzera»: Ronco sovrasta il Lago Maggiore

Le «balcon de la Suisse»: Ronco au-dessus de Locarno

Ronco, the «Balcony of Switzerland» above the Lago Maggiore

スイスのバルコニー：マジョーレ湖上方の村、ロンコ

7

Von Mario Botta entworfene Seilbahn nach Cardada

La funivia di Cardada, opera di Mario Botta

Le téléphérique menant à Cardada, dessiné par Mario Botta

The cableway to Cardada, designed by Mario Botta

カルダーダの丘へむかうマリオ・ボッタ設計のロープーウェイ

8

Madonna del Sasso oberhalb von Locarno

La Madonna del Sasso sopra Locarno

Madonna del Sasso au-dessus de Locarno

Church of the Madonna del Sasso above Locarno

ロカルノ上方に建つマドンナ・デル・サッソ

9

Das Internationale Filmfestival auf der Piazza Grande von Locarno

Il Festival Internazionale del Film in Piazza Grande a Locarno

Festival du film international sur la Piazza Grande de Locarno

The International Film Festival, held each year on Locarno's Piazza Grande

ロカルノのグランデ広場で開催される国際映画祭

INNOVAZION

10

Vira gegenüber dem Gridone

Vira, faccia a faccia col Gridone

Vira, en face de Gridone

Vira, facing the Gridone

グリドーネ山に向かいあうヴィーラ

11

Das Maggiadelta im Abendlicht

Il delta della Maggia al crepuscolo serale

Le delta de la Maggia sous le soleil couchant

The Maggia Delta in the evening light

夕映えのマッジャ川デルタ

12

Intragna liegt an der abenteuerlichen Strecke der Centovalli-Bahn

Intragna si trova a ridosso dell'avventuroso tracciato ferroviario della Centovallina

Intragna est situé sur l'audacieuse ligne ferroviaire des Centovalli

Intragna lies on the adventurous section of the Centovalli railway line

チェントヴァーリ鉄道のスリルに富む路線沿いにあるイントラーニャ

13

Rasa ist nur mit der Luftseilbahn oder zu Fuss erreichbar

Rasa, raggiungibile solo in teleferica o a piedi

Pour se rendre à Rasa, il faut prendre le téléphérique ou aller à pied

Rasa can only be reached by cableway or on foot

ラーザへはロープーウェイか徒歩でのみたどりつける

14

Nasses Vergnügen: Canyoning bei Brontallo

Divertimento umido: canyoning presso Brontallo

On se mouille pour le plaisir: canyoning près de Brontallo

Fun getting wet: canyoning near Brontallo

びしょぬれで楽しむ：ブロンタッロ近くでのキャニオニング

15

Die Maggia bei Ponte Brolla: ein beliebter Badeort

All’altezza di Ponte Brolla, la Maggia è molto frequentata dai bagnanti

La Maggia près de Ponte Brolla: très appréciée pour la baignade

The Maggia at Ponte Brolla: a popular bathing spot

ポンテ・ブロッラ近くのマッジャ川：人気のある水浴場

16

In einem typischen Tessiner Grotto

In un tipico grotto ticinese

Dans un grotto tessinois typique

In a typical Ticino grotto

あるティチーノのグロット（居酒屋兼食堂）。ブドウの木の下で食事をする

17

Loco liegt 250 Meter über dem Talgrund im Onsernonetal

Loco, in Valle Onsernone, poggia 250 metri al di sopra del fondovalle

Loco est perché à 250 mètres au-dessus du fond du val Onsernone

Loco lies 250 metres above the valley floor in the Val Onsernone

ロコはオンセルノーネ谷の谷底から250メートルの高さに位置する

18

Fusio, auf der letzten bewohnten Terrasse des Valle Lavizzara

Fusio, l’ultima terrazza abitata della Valle Lavizzara

Fusio, sur la terrasse habitée la plus élevée du val Lavizzara

Fusio, on the last inhabited terrace of land in the Valle Lavizzara

ラヴィッツァーラ谷で人が住む最後の段丘にある村、フジィオ

ANTICA OSTERIA DAZIO

19

San Giovanni Battista in Mogno, von Mario Botta gestaltet

San Giovanni Battista a Mogno, realizzata da Mario Botta

San Giovanni Battista à Mogno, œuvre de Mario Botta

San Giovanni Battista in Mogno, designed by Mario Botta

モーニョにある、マリオ・ボッタ設計のサン・ジョヴァンニ・バッティスタ

20

Santa Maria delle Grazie in Gannariente mit Fresken aus dem 17. Jahrhundert

Santa Maria delle Grazie a Gannariente, con gli affreschi del 17. secolo

Santa Maria delle Grazie à Gannariente: fresques du XVIIe siècle

Santa Maria delle Grazie in Gannariente with frescos from the 17th century

ガンナリエンテにあるサンタ・マリア・デッレ・グラツィエ内部の17世紀のフレスコ画

21

Der imposante Wasserfall bei Foroglio im Val Bavona

La possente cascata di Foroglio in Val Bavona

L'imposante chute d'eau près de Foroglio dans le val Bavona

The imposing water-fall near Foroglio in the Val Bavona

バヴォーナ谷のフォローリオ近くの印象的な滝

22

Foroglio mit typischen, aus Granitsteinen gebauten Tessiner Häusern

Foroglio e le sue tipiche case ticinesi in granito

Foroglio aux maisons typiques tessinoises faites de blocs de granit

Foroglio with its typical Ticino houses built of granite stones

花崗岩で造られた典型的なティチーノ地方の家々が建つ村、フォローリオ

23

Cevio: Casa del Pretorio mit den Wappen der Landvögte

Cevio: la Casa del Pretorio, con gli stemmi dei landfogti

Cevio: Casa del Pretorio avec les armoiries des baillis

Cevio: the Casa del Pretorio with the coats of arms of the district governors

チェヴィオ：代官の紋章がついたカーザ・デル・プレトーリオ（法務官の館）とカーザ・レスピーニ

24

Bosco/Gurin, höchste Siedlung und einziges Walserdorf des Tessins

Bosco/Gurin, villaggio più elevato e unica comunità walser del Ticino

Bosco/Gurin, agglomération la plus élevée et unique village Walser du Tessin

Bosco/Gurin, the highest habitation and only German-speaking Walser village in Ticino

最も標高の高い居住地で、ティチーノ地方唯一のヴァルス民族の村、ボスコ／グリン

25

Mittelalterliche Brücke «Ponte dei Salti» bei Lavertezzo im Val Verzasca

Il medievale Ponte dei Salti presso Lavertezzo in Val Verzasca

«Ponte dei Salti», pont moyenâgeux près de Lavertezzo dans le val Verzasca

The medieval Ponte dei Salti bridge near Lavertezzo in the Val Verzasca

ヴェルツァスカ谷のラヴェルテッツォ近くにある中世の橋「ポンテ・デイ・サルティ」

26

Einer der häufigen Bildstöcke im Verzascatal

Uno dei numerosi tabernacoli in Val Verzasca

L'un des nombreux petits oratoires rudimentaires du val Verzasca

One of the many wayside shrines in the Val Verzasca

ヴェルツァスカ谷に
多くあるキリスト十字
架像の一つ

27

Abgelegen über dem Vogorno-Stausee: Corippo

In disparte sopra il Lago di Vogorno: Corippo

A l'écart au-dessus du lac de barrage de Vogorno: Corippo

Corippo, on its lonely perch above the lake of Vogorno

人造湖ヴォゴルノ
上方の人里離れた
村、コリッポ

28

Die Cappella di Santa Maria degli Angeli des Tessiner Architekten Mario Botta am Monte Tamaro

La cappella di Santa Maria degli Angeli dell'architetto ticinese Mario Botta, situata sul Monte Tamaro

Cappella di Santa Maria degli Angeli sur le monte Tamaro, œuvre de l'architecte tessinois Mario Botta

The Cappella di Santa Maria degli Angeli, designed by the Ticino architect Mario Botta, on the Monte Tamaro

タマーロ山に建つティチーノの建築家マリオ・ボッタのサンタ・マリア・デッリ・アンジェリ礼拝堂

29

Auf der Piazza Collegiata der Kantonshauptstadt Bellinzona

Piazza Collegiata a Bellinzona, capoluogo cantonale

Sur la Piazza Collegiata de Bellinzona, capitale du canton

The Piazza Collegiata in Bellinzona, the capital city of the Canton Ticino

州都ベリンゾーナのグランデ広場にて

30

Lichterfest über dem Castel Grande in Bellinzona

Una festa di luci sopra il Castel Grande di Bellinzona

Feux de joie au-dessus du Castel Grande à Bellinzona

Festival of light over the Castel Grande in Bellinzona

ベリンゾーナのグランデ城にて光の祭典

31

Tesserete in der Capriasca

Tesserete, nella Capriasca

Tesserete dans le Capriasca

Tesserete in the Capriasca

カプリアスカ地方のテッセレーテ

32

Breno, in malerischer Lage im Malcantone

Breno nel Malcantone: una posizione pittoresca

Breno, at its picturesque site in the Malcantone

Breno, en situation pittoresque dans le Malcantone

マルカントーネ地方の絵に描いた様な地にある村、ブレーノ

33

Charme eines ursprünglichen Fischerdorfs: Gandria am Luganer See

Il fascino di un antico villaggio di pescatori: Gandria e il Lago di Lugano

Charme d'un ancien village de pêcheurs: Gandria au bord du lac de Lugano

The charm of an original fishing village: Gandria on the Lake of Lugano

昔のままの漁村の魅力：ルガノ湖畔のガンドリア

34

Abendstimmung über der Bucht von Lugano, vom Monte Bré aus

L'atmosfera serale del golfo di Lugano, vista dal Monte Bré

Le soir descend sur la baie de Lugano, vue du haut du Monte Bré

Evening atmosphere over the Bay of Lugano, seen from the Monte Bré

ブレ山から眺めたルガノ湾の夕暮れ叙情

35

Lugano: mediterrane Stimmung an der eleganten Uferpromenade

Lugano: l'atmosfera mediterranea dell'elegante lungolago

Lugano: ambiance méridionale sur l'élégante promenade au bord du lac

Lugano: Mediterranean atmosphere on the elegant shore promenade

「ティチーノの真珠」と言われるルガノ：エレガントな湖畔のプロムナードは地中海の雰囲気

36

Das Museo Hermann Hesse in Montagnola bei Lugano

Il Museo Hermann Hesse a Montagnola sopra Lugano

Le Museo Hermann Hesse à Montagnola près de Lugano

The Hermann Hesse Museum in Montagno-la near Lugano

ルガノ近くモンタニョーラにあるヘルマン・ヘッセ博物館

37

Ausstellungsraum des in der Torre Camuzzi untergebrachten Hesse-Museums

Sala d'esposizione del Museo Hesse, sistemato nella Torre Camuzzi

Salle d'exposition du musée Hermann Hesse dans le Torre Camuzzi

Exhibition room of the Hesse Museum, housed in the Torre Camuzzi

トッレ・カムッツィにあるヘッセ博物館の展示室

38

Morcote, malerisches Uferdorf am Luganer See mit der erhöht liegenden Kirche Santa Maria del Sasso

Morcote, villaggio pittoresco sulle sponde del Lago di Lugano, e la sovrastante chiesa di Santa Maria del Sasso

Morcote, village pittoresque sur la rive du lac de Lugano, dominé par l'église Santa Maria del Sasso

Morcote, picturesque fishing village on the Lake of Lugano, with the church of Santa Maria del Sasso higher up on the slope

ルガノ湖畔にある絵に描かれたような湖岸の村、モルコーテ。山腹にはサンタ・マリア・デル・サッソ教会がある

39

Vico Morcote mit Sicht auf den See

Vico Morcote, con vista sul lago

Vico Morcote avec vue sur le lac

Vico Morcote, with its view over the lake

湖の眺めとヴィコ・モルコーテ

40

Der Parco Scherrer bei Morcote

Il Parco Scherrer presso Morcote

Parco Scherrer près de Morcote

The Parco Scherrer near Morcote

モルコーテのはずれにあるシェラー園

41

Swissminiatur in Melide: bedeutende Bauwerke der Schweiz, (fast) zum Anfassen

Swissminiatur di Melide: le realizzazioni importanti della Svizzera (quasi) a portata di mano

Swissminiatur à Melide: des édifices notables de Suisse, (presque) tangibles

Swissminiatur in Melide: important buildings of Switzerland, (almost) near enough to touch

メリデのスイス・ミニアチュール：スイスの有名な建築物が、ほとんどつかめるぐらいにある

CURIA CONFOEDERATIONIS HELVETICAE

42

Santa Croce in Riva San Vitale, bedeutender Renaissance-Kuppelbau

Santa Croce a Riva San Vitale, una chiesa rinascimentale a cupola di grande valore

Santa Croce à Riva San Vitale, remarquable édifice Renaissance à coupole

Santa Croce in Riva San Vitale, an important Renaissance cupola construction

重要なルネサンスのドーム建築、リヴァ・サン・ヴィターレのサンタ・クローチェ

43

Mendrisio mit der Propsteikirche Santi Cosma e Damiano

Mendrisio con la chiesa parrocchiale dei Santi Cosma e Damiano

Mendrisio avec l'église Saint-Côme et Saint-Damien

Mendrisio with the provost church of Saints Cosmas and Damian

サンティ・コズマ・エ・ダミアーノ聖堂参事教会とメンドリージオの町

44

Weiter Blick vom Monte Generoso, auf den von Capolago eine Zahnradbahn führt

L'esteso panorama del Monte Generoso, accessibile da Capolago in ferrovia a cremagliera

Vaste coup d'œil du haut du Monte Generoso où mène un chemin de fer à crémaillère

The sweeping view from Monte Generoso, reached by a cogwheel train from Capolago

カポラーゴからアプト式鉄道で登れるジェネローゾ山からの眺望

45

Romanischer Glockenturm von Santa Maria di Castello in Giornico

Campanile romanico di Santa Maria di Castello a Giornico

Clocher roman de Santa Maria di Castello à Giornico

Roman belltower of Santa Maria di Castello in Giornico

ジョルニコにあるサンタ・マリア・ディ・カステッロのロマネスク様式の鐘楼

46

Die Kirche von Calonico liegt hoch über der Valle Leventina

La chiesa di Calonico, alta sopra la Valle Leventina

L'église de Calonico est perchée très haut au-dessus de la valle Leventina

The church of Calonico lies high above the Valle Leventina

カロニコはレヴェンティーナ谷の上方高くに位置する

47

Verkehrs- und Wasserströme in der Valle Leventina: der Ticino neben Bahnstrecke und Gotthard-Autobahn

Flussi di traffico e d'acqua in Valle Leventina: il Ticino accanto alla linea ferroviaria e autostradale del Gottardo

Dans la valle Leventina, voie ferrée, route et cours d'eau se croisent: le Ticino y jouxte l'autoroute et la ligne ferroviaire du Saint-Gothard

Streams of traffic and water in the Valle Leventina: the Ticino alongside the railway line and the Gotthard motorway

レヴェンティーナ谷の交通と水の流れ：鉄道線路とゴッタルド高速道路に並行するティチーノ川

48

Passhöhe mit Gotthardhospiz

Il valico e l'ospizio del San Gottardo

Col du Saint-Gothard avec l'hospice

Top of the Gotthard pass, with the hospice

ゴッタルド宿と峠

49

Die historische Gotthardpost auf der Tremola, der alten Passstrasse

La storica diligenza del San Gottardo sulla Tremola, la vecchia strada del valico

La vénérable diligence du Saint-Gothard sur la Tremola, ancienne route du col

Historical Gotthard post on the Tremola, the old pass road

旧峠の街道トレモラを行く歴史的なゴッタルド駅馬車

2711

50

Die Gotthardpass-strasse über Fontana im Bedrettotal

La strada del Passo del San Gottardo sopra Fontana in Valle Bedretto

La route du col du Saint-Gothard au-dessus de Fontana dans le val Bedretto

The Gotthard pass road above Fontana in the Val Bedretto

ベドレット谷のフォンターナ上方を通過するゴッタルド峠の街道

Foto Nr. 9: © Fotofestival, Losone

Übersetzungen:
Marco Volken, Zürich: Italienisch
Elfie Schaller-Gehenn, Tann (Zürich): Französisch
John G. O'Brien, Basel: Englisch
Masako Schwarzenegger-Takemoto, Zürich: Japanisch

Fotos: info@sondereggerfotos.ch
Bildauswahl und Gestaltung: www.vonarxgrafik.ch,
Heinz von Arx, Urs Bolz, Zürich
Bildlegenden: Karin Steinbach Tarnutzer, Zürich
Printed in Belgium
ISBN 3-905111-70-5